Pe. Ferdinando Mancilio, C.Ss.R.

Reunidos em Jesus com Maria

Celebração Votiva de
Nossa Senhora do Perpétuo Socorro

ANO JUBILAR – 150 ANOS
DA VENERAÇÃO DO ÍCONE DE
NOSSA SENHORA DO PERPÉTUO SOCORRO

Direção Editorial: Pe. Fabio Evaristo R. Silva, C.Ss.R.
Coordenação Editorial: Ana Lúcia de Castro Leite
Copidesque: Ana Lúcia de Castro Leite
Revisão: Luana Galvão
Capa e Diagramação: Mauricio Pereira

ISBN 978-85-369-0380-4

3ª impressão

Todos os direitos reservados à **EDITORA SANTUÁRIO** — 2016

Composição, CTcP, impressão e acabamento:
Editora Santuário - Rua Pe. Claro Monteiro, 342
12570-000 – Aparecida-SP – Tel. (12) 3104-2000

Igreja do Perpétuo Socorro em São João da Boa Vista - SP

Apresentação

"REUNIDOS EM JESUS COM MARIA: Celebração votiva de Nossa Senhora do Perpétuo Socorro" é um subsídio oracional e meditativo, que nos ajuda a aprofundar a espiritualidade e a devoção marianas. Por meio dele, encontramo-nos com a Mãe do Perpétuo Socorro individual e comunitariamente e contemplamos seu rosto terno, seu silêncio meditativo, seu olhar atencioso, acolhedor e meigo, que acompanha os passos de cada um de nós. Queremos estar sempre com a Mãe de Deus e nossa, e uma das formas é recordá-la em nossas celebrações.

A data de 27 de junho é dedicada à Mãe do Perpétuo Socorro. Assim, respondendo à missão que o Papa Pio IX confiou, no dia 26 de abril de 1866, "façam-na conhecida no mundo inteiro!", os Redentoristas do Brasil querem, todos os dias 27 de cada mês, oferecer a todos os fiéis a possibilidade de se aproximarem deste maternal perpétuo socorro, expressando seu carinho por meio da oração, de seus pedidos e da celebração comunitária. Todos os dias

27, escutaremos o conselho da Mãe, dizendo-nos: "fazei tudo o que ele vos disser" (Jo 2,5). E nós queremos realizar aquilo que o Mestre ensinou.

Esse itinerário é uma iniciativa da União dos Redentoristas do Brasil (URB) para marcar as celebrações do Jubileu dos 150 anos de entrega do Ícone à Congregação do Santíssimo Redentor. Celebrar o jubileu é muito importante, resgata a memória histórica, festeja-se. Mas é extremamente importante que, após o entusiasmo das comemorações, fique algo na memória que possa ser rezado, meditado e contemplado. Além disso, queremos compartilhar com todos os fiéis essa belíssima devoção cultivada no Brasil e em tantos lugares do mundo. Queremos celebrar a Mãe que nos leva sempre a Jesus. Ela está sempre conosco, pois seus braços fortes sempre nos amparam.

Pe. Rogério Gomes, C.Ss.R.
Provincial da SP-2300 e
Presidente da URB

Reunidos em Jesus com Maria

Restauração do culto público ao Ícone

Durante trezentos anos, o Ícone de Nossa Mãe do Perpétuo Socorro foi venerado na igreja de São Mateus, em Roma. Em 1798, quando Roma caiu debaixo das forças invasoras, o convento e a igreja de São Mateus foram destruídos, e o Ícone foi levado ao convento dos agostinianos de "Santa Maria em Posterula" e colocado numa capela particular.

A pedido do Padre Nicolau Mauron, Superior--Geral dos Redentoristas, o beato Papa Pio IX entregou o Ícone aos redentoristas no dia 11 de dezembro de 1865, para que sua veneração pública fosse restaurada na igreja de Santo Afonso, construída sobre o mesmo terreno que antigamente ocupara a igreja de São Mateus. Ao confiar o Ícone aos cuidados do Padre Mauron e aos missionários redentoristas, o Papa Pio IX pediu que "a tornássemos conhecida no mundo inteiro".

No dia 26 de abril de 1866, depois de uma esmerada restauração do Ícone, Nossa Senhora do Perpétuo Socorro foi levada com uma procissão solene à igreja de Santo Afonso, em Roma. A partir dessa data, uma constante e crescente devoção a Maria sob a invocação do "Perpétuo Socorro" foi se desenvolvendo não só em Roma, mas também em todo o mundo.

Debaixo desse título, esse Ícone é venerado por algumas Igrejas evangélicas e também por pessoas de outras religiões. É um fato, especialmente na Ásia, que alguns novos cristãos contam como chegaram à fé e ao batismo mediante as devoções e prática da novena.

O Ícone do Perpétuo Socorro é uma das mais queridas imagens e mais conhecidas de Maria. Hoje, a devoção à novena – em igrejas e capelas, nas casas e hospitais, por meio do rádio e da televisão, e inclusive pela internet – nutre a fé e a oração de milhões de fiéis.

Santo Afonso invocou a Maria honrando-a como Mãe de Misericórdia e refúgio dos pecadores. Como Perpétuo Socorro de todo o povo de Deus, ela coopera no "mistério da redenção" em Cristo (Const. 32). Em suas meditações sobre a "Salve, Rainha", nas "Glórias de Maria", Afonso não se cansa de apresentar Maria, Mãe da Misericórdia, como nosso Perpétuo Socorro, modelo e guia.

Os missionários Redentoristas sabem que o amor de Maria não é um elemento opcional de nossa espiritualidade, é parte integrante de nossa concepção da "copiosa redenção" – a abundante

Reunidos em Jesus com Maria

redenção e a plenitude da vida a que estamos chamados por Jesus, Nosso Santíssimo Redentor.

Chamados pelo Redentor a levar a Boa-Nova aos pobres e aos abandonados, damos nossas vidas pela abundante redenção em comunhão com Maria, nosso Perpétuo Socorro. Ela nos acompanha quando pregamos o Evangelho sempre de maneira nova. Ela nos mostra o rosto da misericórdia, que é seu Filho Jesus, o Cristo. Ela nos ensina a sermos "discípulos missionários", conhecedores do "revolucionário da ternura e do carinho" (EG 288).

Que este Ano Jubilar de Nossa Mãe do Perpétuo Socorro nos aproxime mais profundamente do Jubileu Extraordinário da Misericórdia, a fim de poder proclamar com nossas palavras e com nossas vidas a alegria do Evangelho que leva a "copiosa redemptio" a todos! Que Santo Afonso continue a nos ensinar o amor a Maria e a confiança filial nela, que marcaram toda a sua vida. Que o Espírito Santo guie nossas celebrações e inflame nossos corações!

Seu irmão no Redentor,

Pe. Michael Brehl, C.Ss.R.
Superior-Geral

Igreja de Santo Afonso de Ligório - Roma - Itália

Significado dos ícones de Nossa Senhora do Perpétuo Socorro

Ícone é o nome dado a uma pintura que, carregada de significados sagrados, nos leva à oração.

O Ícone de Nossa Senhora do Perpétuo Socorro é formado por quatro figuras: Nossa Senhora, o Menino Jesus e dois arcanjos.

A aparição dos arcanjos com uma lança e a cruz mostra ao Menino Jesus os instrumentos de sua Paixão.

Assustado corre aos braços da Mãe. Por causa do movimento brusco, desamarra a sandália. Maria o acolhe com ternura. O olhar de Nossa Senhora não se dirige ao Menino, mas a nós. Porém sua mão direita nos aponta Jesus, o Perpétuo Socorro. As mãos de Jesus estão nas mãos de Maria. Gesto de confiança do Filho que se apoia na Mãe.

ABREVIATURA DO "ARCANJO SÃO MIGUEL"
Ele apresenta a lança, a vara com a esponja e o cálice da amargura.

ABREVIATURA DO "ARCANJO GABRIEL"
Ele segura a cruz e os cravos, instrumentos da morte de Jesus.

ABREVIAÇÃO GREGA DA "MÃE DE DEUS"

ABREVIAÇÃO DE JESUS CRISTO

ESTRELA no véu de Maria é a estrela-guia, que nos conduz como conduziu os reis magos, ao encontro com Jesus. Que nos guia no mar da vida até o porto da salvação.

Reunidos em Jesus com Maria

OS OLHOS DE MARIA, grandes, voltados sempre para nós, a fim de acolher-nos e ver todas as nossas necessidades.

A BOCA DE MARIA guarda o silêncio. Ela que falava pouco, mas comunica muito a partir do seu olhar sereno. Guarda tudo em seu coração.

TÚNICA VERMELHA distinguia as virgens do tempo de Nossa Senhora. Sinal de pureza, mas também da força da fé.

MANTO AZUL, referência às mães daquela época. Maria é a virgem-mãe de Deus.

 AS MÃOS DE JESUS, apoiadas nas mãos de Maria, significam confiança total.

 A MÃO ESQUERDA DE MARIA sustenta Jesus. A mão que apoia, acolhe e protege aqueles que, nos sustos da vida, correm para os braços da Mãe.

 A SANDÁLIA DESATADA. Nos desesperos da vida, assustados pelas dificuldades e medos, corremos o risco de perder-nos. Mas resta ainda um fio que nos une à salvação.

 O CENTRO DO ÍCONE. Maria, ao mesmo tempo que nos acolhe com seu olhar, com a mão aberta nos indica Jesus Cristo como nosso redentor, nosso Perpétuo Socorro.

O FUNDO todo do quadro é dourado e dele saem reflexos ressaltando as roupas e simbolizando a alegria do céu, para onde caminhamos levados pelo Perpétuo Socorro de Maria.

Santuário do Perpétuo Socorro - Campo Grande - MS

1. Maria nos leva a Jesus
Iniciando a Celebração

Cântico inicial
Socorrei-nos, ó Maria

1. Socorrei-nos, ó Maria,/ noite e dia, sem cessar!/ Os doentes e os aflitos,/ vinde, vinde consolar!
Vosso olhar a nós, volvei,/ vossos filhos, protegei!/ Ó Maria, ó Maria!/ Vossos filhos, socorrei!
2. Dai saúde ao corpo enfermo,/ dai coragem na aflição!/ Sede a nossa doce estrela/ a brilhar na escuridão.
3. Que tenhamos cada dia/ pão e paz em nosso lar;/ e de Deus a santa graça/ vos pedimos neste altar.
D.: Em nome do Pai † e do Filho e do Espírito Santo.
– Amém!
D.: Rogai por nós, ó Mãe do Perpétuo Socorro.
– E fazei-nos caminhar na esperança de vosso Filho Jesus!

D.: Virgem Mãe do Perpétuo Socorro, vimos diante de vosso venerável quadro contemplar a grandeza de vosso incomparável amor, perpétuo socorro de nossa vida,

– para contemplar a imensidão de vosso amor maternal, que nos toca profundamente!

D.: Olhai com bondade para os jovens e as crianças, para os adultos e as famílias, para os doentes e os idosos, e para todos que procuram vosso amparo, ó Virgem santa e bendita.

– Acolhei-nos, ó Mãe do Divino Amor, Jesus, nosso Redentor!

D.: Contemplando vosso gesto de acolher e amparar vosso Filho, nós nos sentimos também fortalecidos pela certeza de vossa presença maternal. Por isso estamos aqui diante de vosso venerando quadro, que nos manifesta vossa ternura incomparável.

– Obrigado, ó Mãe, por vosso santo amor para com todos os que vos procuram com sinceridade de coração!

D.: Ó Mãe, queremos caminhar convosco ao encontro de Jesus, nosso Senhor e Salvador. Estendei-nos

vossas mãos e entrelaçai-nos em vosso amor e na verdade de vosso Filho Jesus.
– Caminhamos convosco, ó Maria, que nos ofereceis vosso Jesus!

Antífona: Aumentai, Senhor, nossa fé, fortalecei-nos na esperança e dai-nos vossa paz.
– Amém!

Cântico
À vossa proteção recorremos

1. Santa Maria, socorrei os pobres,/ ajudai os fracos, consolai os tristes,/ rogai pela Igreja, protegei o clero,/ ajudai-nos todos, sede nossa salvação.
2. Santa Maria, sois a Mãe dos homens,/ sois a Mãe de Cristo, que nos fez irmãos./ Rogai pela Igreja, pela humanidade,/ e fazei que enfim tenhamos paz e salvação.
3. Santa Maria, mãe do Redentor,/ cheia de graça, rogai por nós a Deus./ Rogai pela Igreja, pelos não cristãos,/ sede nossa força, ouvi a nossa oração.

2.
Maria: Mãe que nos acolhe e nos dá esperança

D.: Como é bom saber que somos acolhidos, ó Mãe, por vós e por vosso Filho Jesus. Quando segurastes a mão do Menino Deus em vosso colo bendito, junto dele vós nos acolhestes também.
– Nosso coração, ó Mãe do perpétuo amor, palpita forte, pois vossa presença desfaz nossa insegurança!
L. 1: Vosso amor tão terno e sereno nos faz caminhar destemidos, mesmo que haja dificuldades para dar os passos necessários no caminhar desta vida,
– pois podemos contar com o apoio de vossas mãos que nos conduzem a Jesus!
L. 1: Contemplando vosso olhar, uma alegria sem medida invade nossa existência, pois sois vós mesma que nos contemplais e quereis nos dizer:
– Não há o que temer, quem confia e espera em meu Filho Jesus! Ele é a tua vida e salvação!

Reunidos em Jesus com Maria

L. 1: Mãe do Perpétuo Socorro, como sois suave ao tocar as mãos do Menino Deus. Esse vosso gesto rompe os laços da morte e desfaz os planos dos soberbos, que abraçam a violência e andam no caminho da autossuficiência.

– Ó Mãe bendita, vós nos dais a segurança de que precisamos e a esperança de que necessitamos!

L. 1: Benditas sejam as mãos que se estendem para nos acolher! Benditas as mãos divinas, mãos de Jesus, que acolheram o pobre, o doente e o pecador.

– São benditas as mãos dos que não temem estendê-las e oferecer a paz!

L. 1: Ó Maria, vós sois a rosa que enfeita os jardins de nossa existência e que nos faz redescobrir a cada dia o sentido de nossa vida, de uma vida vivida no amor, como vós a vivestes.

– Ó Mãe, e vós nos dais o Redentor, o Deus da Vida, o Deus amor!

Antífona: Felizes os que buscam sem cessar o Senhor, Deus da Vida, pois encontrarão a paz e a alegria que não tem fim.

– Amém!

3. Caminhar com Maria na força do amor

D.: Maria, vós que sois nosso eterno socorro, também nos ensinais a cumprir em nossa vida a vontade divina. Vós não hesitastes em mudar vossos planos para realizar o que o Pai vos pediu. Vós vos fizestes serva e instrumento de seu Reino. Acolhestes sem reserva a humanidade de Jesus.

– É nosso desejo também, ó Maria, cumprir em nossa vida a vontade do Senhor!

L. 2: Precisamos de vosso auxílio materno, para caminharmos na força do amor. Precisamos de vossa presença amorosa para cumprirmos o que de nós Deus espera. Fortalecei-nos na coragem do amor, na simplicidade da doação e na firmeza da decisão.

– Ó Mãe do Perpétuo Socorro, guiai nossa vida e inspirai nossas atitudes de amor!

L. 2: Perpétuo Socorro dos sem casa e sem pão, vós nos ensinais que a santidade consiste em amar a Je-

sus, vosso Filho. Ele é nosso Deus, e somente nele encontramos a paz desejada e a harmonia esperada.
– Ajudai-nos, ó Mãe, a viver com dignidade nossa vida cristã e praticar com fervor o amor santificador!
L. 2: Vós tendes em vosso colo materno vosso Filho Jesus e segurais sua mão para nos oferecer seu mistério de amor. Ele se fez criança para que ninguém dele temesse se aproximar. O amor se faz humilde para que possamos nele caminhar.
– Ó Mãe querida, entre todas preferida, fazei-nos caminhar a cada dia, na força do amor!

Antífona: Vinde, Senhor, visitai-nos com vossa paz e alegrai nossa existência com vossa presença.
– Amém!

4. A Palavra, fonte de vida

D.: Ó Mãe do Redentor, nós buscamos vosso auxílio perpétuo, mas vós nos pedis para ouvir vosso Filho, como dissestes em Caná da Galileia: "Fazei tudo o que Ele vos disser!" Buscamos vosso auxílio, mas sem fugir de nosso dever de escutar, de amar e de servir.

– Com Maria, a Palavra do Senhor torna-se mais doce que o mel, pois ela a viveu em primeiro lugar!

D.: Maria, a Palavra do Senhor ressoou em Nazaré e em vosso coração terno e prestativo, e por ela vos deixastes conduzir. Vossas mãos se estenderam e vós respondestes sem reserva ou condição: "Eis aqui a serva do Senhor!"

– Feliz quem acolhe do jeito de Maria o que diz o Senhor, com toda humildade e sinceridade e, se põe a servir com amor e dedicação!

Antífona: Vinde, Senhor, com vossa Palavra e trazei-nos vossa paz, pois nosso coração se alegra em vossa presença.

– Amém!

Cântico
A vossa Palavra Senhor
(Fr. Luiz Turra)

A vossa Palavra, Senhor,/ é sinal de interesse por nós.

1. Como o pai ao redor de sua mesa,/ revelando seus planos de amor.
2. É feliz quem escuta a Palavra/ e a guarda no seu coração.

5.
Palavra de Deus

(Poderá ser proclamado o Evangelho da Liturgia do dia ou os textos seguintes: Lc 1,46-55; Lc 4,16-21; Lc 1,26-38; Lc 1,39-45; Lc 1,57-66; Lc 1,67-80; Lc 2,39-52; Lc 3,21-22; Mt 1,18-25; Mc 1,14-20. – Se oportuno, faz-se uma pequena reflexão.)

6.
Somos Povo de Deus peregrino

D.: Senhora do Perpétuo Socorro, sois Mãe da Igreja, desse povo reunido em nome de vosso Filho Jesus.

Sois o socorro da Igreja peregrina com vosso amor maternal. Sois comprometida com a vida no mundo, pois vos fizestes servidora, desde aquele dia em que partistes para servir a Isabel em sua casa, nas montanhas de Judá.

– Fazei-nos servidores do Evangelho e dedicados no amor fraternal!

L. 3: Senhora do Perpétuo Socorro, amparai a Igreja, sacramento do Reino de vosso Filho, que anuncia com alegria o Evangelho da vida, que liberta, salva e traz a paz.

– Fortalecei nossa esperança e guiai nossos passos no caminho de Jesus!

L. 3: Vosso manto cor de anil, ó Mãe querida, é sinal de vossa santidade, azul igual ao céu que é nosso destino final. Guiai-nos, ó Mãe, no caminho que nos conduz à eternidade e à verdade de Jesus.

– Caminhamos peregrinos na terra, na esperança de alcançar um dia o céu, pela misericórdia divina!

L. 3: Ó Mãe de olhar compassivo e carregado de ternura, sois Mãe de misericórdia. Não desamparai os pobres e os doentes, os excluídos e oprimidos e fortalecei o coração das mamães que sofrem com seus filhos.

– Como Igreja, ó Mãe do Perpétuo amor, conduzi--nos no caminho de Jesus!

L. 3: Revesti-nos com as armas da luz e assim as trevas da maldade e da violência não tenham mais lugar no meio do povo do qual sois Mãe bendita e compassiva.

– Felizes nós seremos, o povo do Senhor, conduzido pelo Espírito de Amor. Amém!

Antífona: Aclamai o Senhor, povos todos, nações, raças e culturas, cantai louvores ao Senhor, que nos amou e nos fez seu povo. Aleluia.

– Amém!

Cântico
Por nós rogai

1. Por nós, rogai ao bom Jesus,/ que nos salvou por sua cruz./ Por nós velai, ó Mãe querida,/ nos abençoai por toda vida,/ Nossa Senhora do Perpétuo Socorro.

7. Recorremos à Mãe do Perpétuo Socorro

D.: Mãe bendita, vosso amor maternal é doce como o mel e suave como a brisa. Ele nos desperta para a confiança divina e para a vida fraterna. Acolhei a prece, ó Perpétuo Socorro, dos que vos suplicam confiantes.

– Fazei nascer entre nós, ó Mãe do Belo Amor, a força que multiplica a vida, que vence a violência e transforma o coração!

L. 1: Ó Senhora do Perpétuo Socorro, vosso nome bendito ressoa em nosso ouvido e nos enche de ternura, de alegria e de paz sem-fim, pois nos socorreis até mesmo sem vos pedir e os que vos pedem mais vida, mais amor, mais esperança.

– Socorrei-nos, ó incomparável Mãe do Perpétuo Socorro!

L. 1: Ó Mãe, que socorreis os que vos buscam com sinceridade, como socorrestes vosso Filho na triste agonia da cruz, visitai silenciosamente o coração dos pobres e oprimidos, dos doentes e aflitos, das famílias e dos casais que vos pedem vosso auxílio.

– Socorrei, ó Senhora do Perpétuo Socorro, os que pedem vosso auxílio!

L. 1: Mãe querida, que não se desesperastes diante do desprezo que fizeram ao vosso Filho nem mesmo diante de sua paixão, pois sabíeis que vencedor seria o amor, confortai-nos em nossas dificuldades, iluminai--nos e fazei-nos ficar em pé nas horas tristes e incertas.

– Socorrei, ó Perpétuo Socorro, os que esperam em vós e em vosso Filho!

L. 1: Senhora nossa, tirai de nosso coração todo mal desejo, o desejo de poder e de dominação, de privilégio e distinção. Fazei que sejamos simples com vossa simplicidade, humildes com vossa humildade e felizes em amar e servir, seguindo vosso insubstituível exemplo.

– Socorrei-nos, ó Mãe tão bondosa, plena de amor e de misericórdia!

L. 1: Não deixeis, ó Mãe, que o orgulho, a vaidade e a ilusão sufoquem nossos sentimentos bons. Fazei-nos filhos e filhas carregados de ternura, igual à ternura que tivestes com vosso Filho pequenino, sustentando-o com vossas mãos benditas.

– Socorrei-nos, ó Senhora, e quem busca em vós o amparo!

L. 1: Mãe do Perpétuo Socorro, que acalentastes o Menino Deus e beijastes aquele rostinho divino e tão tenro, protegei as crianças, muitas vezes tão feridas pela maldade de quem está longe de Deus, e guardai-as em vosso coração materno.

– Ó Mãe bendita de Jesus, socorrei, guardai e protegei as crianças!

L. 1: Protegei, ó Mãe do Redentor, a juventude, às vezes, desiludida pelo mal exemplo dos adultos e, às vezes, também seduzida pelas ilusões da vida. Guardai-a em vosso grande, singelo e belo amor, para que seja feliz.

– Socorrei, guardai e protegei a juventude, ó Mãe bendita de Jesus!

L. 1: Amparai, ó Mãe do Perpétuo Socorro, nossas famílias e que nada venha lhes aborrecer ou tirar-

-lhes a paz. Vós que formastes a família de Nazaré, guardai nossas famílias em vosso coração materno, manso, compassivo e singelo.

– Ó Mãe bendita de Jesus, socorrei, guardai e protegei nossas famílias!

Antífona: Felizes os que confiam no Senhor. Serão como luzeiros no firmamento, como as estrelas do céu, a cintilar no meio da história de ontem, de hoje e sempre.

– Amém!

Cântico
Ó Virgem Maria

1. Ó Virgem Maria, Rainha de amor,/ tu és a Mãe Santa do Cristo Senhor!/ Perpétuo Socorro, tu és, Mãe querida!/ Teus filhos suplicam socorro na vida!/ Nas dores e angústias, nas lutas da vida,/ tu és a Mãe nossa por Deus concebida.

8. Bênção da Saúde e da Família

Bênção da Saúde

D.: O Senhor esteja convosco.
– Ele está no meio de nós.
D.: Senhor, que curastes tantos enfermos, se for da vontade do Pai, restituí a saúde aos nossos irmãos e irmãs que padecem.
– Senhor, tende piedade de nossos enfermos!
D.: OREMOS: Ó Deus, nosso Pai, por intercessão de Nossa Senhora do Perpétuo Socorro, de Santo Afonso e São Geraldo, de todos os vossos Santos e Santas, fazei descer sobre vossos filhos e filhas enfermos e todos os que estão sofrendo vossa bênção salvadora:
D.: Deus Pai vos dê sua bênção!
– Amém!

Reunidos em Jesus com Maria

D.: Deus Filho conceda a saúde aos enfermos!

– Amém!

D.: Deus Espírito Santo ilumine a todos!

– Amém!

D.: Em nome do Pai † e do Filho e do Espírito Santo.

– Amém!

Bênção da Família

D.: O Senhor esteja convosco.

– Ele está no meio de nós.

D.: Bendigamos ao Senhor pela vida de nossa família.

– E todos vivam em seu amor!

D.: Que o Espírito Santo ilumine a vida de nossa família.

– E todos vivam na fraternidade e na união!

D.: Oremos: Abençoai, Senhor Deus, a família de cada um de vossos filhos e filhas, que confiam e esperam em vós. Iluminai e guardai, em vosso amor, esses vossos filhos e filhas e concedei-lhes vossa paz. Por Cristo, nosso Senhor.

– Amém!

D.: Deus Pai abençoe vossa família e vossa casa.
– Amém!
D.: O Senhor Jesus Cristo more em vossa casa e vos conceda a salvação.
– Amém!
D.: O Espírito Santo toque em vosso coração e vos ilumine.
– Amém!
D.: Venha sobre seu lar e sua família a bênção de Deus todo-poderoso: Pai † e Filho e Espírito Santo.
– Amém!
D.: O Senhor vos guarde e reine a paz em vossa família.
– Amém!

9. Unidos a Maria e na Comunidade

D.: Ó Mãe do Perpétuo Socorro, vós nos ensinais a viver em Comunidade. Fostes ao encontro de Isabel e a favorecestes com vossa caridade.

Reunidos em Jesus com Maria

– Nas bodas de Caná socorrestes e livrastes o casal de noivos de tamanha desonra!

L. 2: Vossa casa em Nazaré foi um ninho de amor, de compreensão, de misericórdia e de vivência da vontade de Deus.

– Esperamos também fazer de nossa casa e nossa Comunidade um ninho de amor, de compaixão e de alegria de viver!

L. 2: Aquele dia, no alto do calvário, vosso Filho vos entregou ao discípulo amado. E desde então vos tornastes a Mãe da Igreja, do povo peregrino.

– Desejamos também, ó Mãe da Igreja, sermos acolhedores em nossa Comunidade, fraternos e solidários!

L. 2: Belo foi o dia de Pentecostes em que estáveis junto dos discípulos no cenáculo, e vosso Filho cumpriu sua promessa de enviar o Consolador. Vós fostes presença materna e santa na Igreja-Comunidade que ali nascia.

– Estendei sobre nós vosso manto de amor e vosso olhar compassivo e fazei-nos um povo-irmão, uma Igreja viva e participativa, comprometida e fraterna. Amém!

L. 2: Fortalecidos na presença materna de Maria e seguindo o ensinamento de Jesus, fortalecidos na união fraterna, rezemos como um povo-irmão:
– **Pai nosso, que estais nos céus, santificado seja vosso nome...**

Antífona: Eu sou a videira, vós os ramos, diz o Senhor, quem permanece em mim e eu nele dá muito fruto.
– **Amém!**

10. Louvores à Mãe do Perpétuo Socorro

D.: Ó Mãe do Perpétuo amor, que nos socorreis em nossas necessidades e nos estendeis vossas mãos, vosso olhar, vosso coração e nos acolheis em vosso imenso amor maternal. Nós vos louvamos pelo vosso sim tão resoluto e decidido ao Pai, a ponto de mudar a história do mundo: O Verbo se fez carne e habitou entre nós.
– **Nós vos louvamos, ó Santa Mãe de Perpétuo Socorro e Mãe de misericórdia!**

Reunidos em Jesus com Maria

L. 3: Em todas as partes do mundo, o povo se reúne em torno de vosso quadro, pois nele está impresso vosso jeito tão meigo e sereno de acolher o Menino Deus e de confortá-lo em sua missão. Sabemos que, ao acolherdes Jesus, vós nos acolheis também.

– Nós vos louvamos, ó Perpétuo Socorro dos pobres e oprimidos, dos tristes e amargurados!

L. 3: Vosso olhar nos contagia, ó Mãe bendita. Vós não nos reprovais, apenas nos chamais a atenção para que estejamos mais atentos às coisas de Deus, às coisas do céu. Imersos nas muitas facilidades do mundo, podemos nos afastar de Deus, de sua bondade e nos esquecer da eternidade.

– Nós vos louvamos, ó incomparável Senhora, socorro dos aflitos e dos que em vós buscam a esperança!

L. 3: Amparai o povo do qual sois Mãe, como vossa mão ampara o Menino Deus. Segurai a mão da criança e do jovem, do adulto e dos idosos, de nossas famílias e de todo o povo cristão. Dai-nos, ó Mãe, vossa paz.

– Nós vos louvamos, Nossa Senhora do Perpétuo Socorro, vós que sois a ternura divina!

D.: Ó Mãe do Perpétuo Socorro.

– Nós vos bendizemos!

D.: Senhora dos humildes e servidores do Evangelho.

– Nós vos louvamos!

D.: Mãe da Igreja, do povo peregrino do Senhor.

– Nós vos agradecemos!

D.: Protetora de nossas Comunidades e nossas famílias.

– Fortalecei nossa união!

D.: Senhora de nossa vida e Mãe da esperança.

– Aumentai nossa fé!

D.: Rezemos agora a oração de Nossa Senhora, nascida do Evangelho e da Igreja:

– Ave, Maria, cheia de graça...

D.: Por intercessão de Nossa Senhora do Perpétuo Socorro, venham do céu sobre todos nós toda graça e toda bênção. Abençoe-vos Deus todo-poderoso: Pai † e Filho e Espírito Santo.

– Amém!

D.: Você rezou e se uniu neste dia e nesta hora. Que a brisa leve do Espírito de Deus sopre sobre sua vida e a luz de Cristo brilhe em sua face. Venha do céu sobre você e sua família uma chuva de graças e de bênçãos, tão suave como o sereno da manhã. Caminhemos unidos na fé, amando o Cristo e reconhecendo o imenso amor que a Senhora do Perpétuo Socorro tem por todos nós. Caminhem em paz, e o Senhor os acompanhe.

– Graças a Deus! Amém! Assim seja!

Cântico

Ó Virgem Maria, Rainha de amor,/ tu és a Mãe Santa do Cristo Senhor!
Perpétuo Socorro, tu és, Mãe querida!/ Teus filhos suplicam socorro na vida!

CÂNTICOS

Ave, cheia de graça!

Ave, cheia de graça!/ Ave, cheia de amor!/ Salve, ó Mãe de Jesus,/ a ti nosso canto e nosso louvor! (bis)
1. Mãe do Criador, rogai!/ Mãe do Salvador, rogai! Do libertador, rogai por nós!/ Mãe dos oprimidos,

rogai! Mãe dos perseguidos, rogai! Dos desvalidos, rogai por nós!

2. Mãe do boia-fria, rogai! Causa da alegria, rogai! Mãe das Mães, Maria, rogai por nós!/ Mãe dos despejados, rogai! Dos abandonados, rogai! Dos desempregados, rogai por nós!

3. Mãe dos pescadores, rogai! Dos agricultores, rogai! Santos e doutores, rogai por nós!/ Mãe do céu clemente, rogai! Mãe dos doentes, rogai! Do menor carente, rogai por nós!

Neste dia, ó Maria

Neste dia, ó Maria, nós te damos nosso amor./ Céus e terra estão cantando, celebrando teu louvor./ Dá-nos sempre, Mãe querida, nesta vida puro amor./ E depois nos leva à glória, junto ao trono do Senhor.

Maria, Mãe dos Caminhantes

Maria, Mãe dos caminhantes,/ ensina-nos a caminhar./ Nós somos todos viandantes,/ mas é preciso sempre andar.

1. Fizeste longa caminhada,/ para servir a Isabel,/ sabendo-te de Deus morada,/ após teu sim a Gabriel.

2. Depois da dura caminhada,/ para a cidade de Belém,/ não encontraste lá pousada,/ mandaram-te passar além.

3. Humilde foi a caminhada,/ em companhia de Jesus,/ quando pregava, sem parada,/ levando aos homens sua luz.

4. Vitoriosa caminhada/ fez finalmente te chegar/ ao céu, à meta da jornada/ dos que caminham sem parar.

Nossa Senhora vai

L.: Pe. Lauro Palú/ M.: Pe. Ronoaldo Pelaquin
Paulinas - Comep

Nossa Senhora vai, por entre o povo,/ à luz do sol, à luz das profecias./ Leva nas mãos o seu Menino lindo,/ no coração, certezas e agonias. Leva seu Filho ao Templo, e o Sacerdote/ ofereceu Jesus ao Pai na luz!/ Maria ergueu também as mãos em prece,/ e nunca mais ficaram sem Jesus!

E cada vez que eu abro as mãos, feliz,/ para ofertar com gosto o coração,/ eu me enriqueço, o mundo se enriquece,/ renovo os gestos da Apresentação. (bis)

O Senhor fez em mim maravilhas
L.: Liturgia das horas/ M.: J. Gelineau

O Senhor fez em mim maravilhas, Santo é o seu nome.
1. A minh'alma engrandece o Senhor,/ e exulta meu espírito em Deus, meu Salvador./ Porque olhou para a humildade de sua serva,/ doravante as gerações hão de chamar-me de bendita.
2. O Poderoso fez por mim maravilhas/ e santo é seu nome!/ Seu amor para sempre se estende sobre aqueles que o temem.
3. Manifesta o poder de seu braço,/ dispersa os soberbos;/ derruba os poderosos de seus tronos/ e eleva os humildes.
4. Sacia de bens os famintos,/ despede os ricos sem nada./ Acolhe Israel, seu servidor,/ fiel ao seu amor.

Reunidos em Jesus com Maria

5. Como havia prometido a nossos pais,/ em favor de Abraão e de seus filhos para sempre./ Glória ao Pai, ao Filho e ao Santo Espírito/ desde agora e para sempre pelos séculos. Amém!

À vossa proteção

Ir. Madalena de Maria - Paulus

À vossa proteção recorremos, Mãe de Deus.
1. Santa Maria, socorrei os pobres, ajudai os fracos, consolai os tristes./ Rogai pela Igreja, protegei o clero, ajudai-nos todos, sede nossa salvação.
2. Santa Maria, sois a Mãe dos homens, sois a Mãe de Cristo, que nos fez irmãos./ Rogai pela Igreja, pela humanidade e fazei que enfim tenhamos paz e salvação.

Ó Maria concebida

Melodia alemã tradicional - Paulus

1. Ó Maria, concebida/ sem pecado original,/ quero amar-vos toda a vida/ com ternura filial.

Vosso olhar a nós volvei,/ vossos filhos protegei!/ Ó Maria, ó Maria,/ vossos filhos protegei!
2. Mais que a aurora sois formosa,/ mais que o sol resplandeceis!/ Do universo, Mãe bondosa,/ o louvor vós mereceis.
3. Exaltamos a beleza/ com que Deus vos quis ornar./ Vossa graça de pureza/ venha em nós também brilhar.
4. Nesta terra peregrinos,/ nós buscamos vida e luz;/ Virgem Santa, conduzi-nos/ para o Reino de Jesus.

Com minha Mãe 'starei

D R - Paulus

1. Com minha Mãe'starei/ na santa glória um dia;/ ao lado de Maria,/ no céu triunfarei.
No céu, no céu, com minha Mãe'starei.
2. Com minha Mãe'starei,/ aos anjos me ajuntando,/ e hinos entoando,/ louvores lhe darei.
3. Com minha Mãe'starei,/ então coroa digna,/ de sua mão benigna/ feliz receberei.
4. Com minha Mãe'starei,/ e sempre neste exílio,/ de seu piedoso auxílio,/ com fé me valerei.

Eu canto louvando Maria
Pe. Élio Athayde - CD Alvorecer

Eu canto louvando Maria, minha Mãe./ A ela um eterno obrigado eu direi./ Maria foi quem me ensinou a viver,/ Maria foi quem me ensinou a sofrer.

1. Maria, em minha vida, é luz a me guiar./ É Mãe que me aconselha, me ajuda a caminhar./ Mãe do bom conselho, rogai, por nós.

2. Quando eu sentir tristeza, sentir a cruz pesar,/ ó Virgem, Mãe das Dores, de ti vou me lembrar:/ Virgem Mãe das Dores, rogai por nós.

3. Se um dia o desespero me vier atormentar,/ a força da esperança em ti vou encontrar:/ Mãe da esperança, rogai por nós.

4. Nas horas de incerteza, ó Mãe, vem me ajudar./ Que eu sinta confiança na paz do teu olhar:/ Mãe da confiança, rogai por nós.

5. Que eu diga, a vida inteira, o sim aos meus irmãos,/ o "sim" que tu disseste, de todo o coração:/ Virgem Mãe dos homens, rogai por nós.

Imaculada

L.: J Thomaz Filho/ M.: Frei Fabreti
Paulinas - Comep

**Imaculada, Maria de Deus,/ coração pobre aco-
lhendo Jesus!/ Imaculada, Maria do povo,/ mãe
dos aflitos que estão junto à cruz!**
1. Um coração que era Sim para a vida,/ um coração
que era Sim para o irmão,/ um coração que era Sim
para Deus:/ Reino de Deus renovando este chão!
2. Olhos abertos pra sede do povo,/ passo bem fir-
me que o medo desterra,/ mãos estendidas que os
tronos renegam:/ Reino de Deus que renova esta
terra!
3. Faça-se, ó Pai, vossa plena vontade:/ que os nossos passos se tornem memória/ do Amor fiel que
Maria gerou:/ Reino de Deus atuando na história!

Ícone de Nossa Senhora do Perpétuo Socorro